Los Robots Asesinos de Blackpool

Anthony Gildert & Ellis Marshall

ISBN: 9798399768274
Imprint: Independently published

DEDICATION

We must ask for forgiveness if all is not exactly 100% correct, as this is our first book in Spanish. Ellis used his imagination and learned quickly how to create, using DALL.E, a picture of Blackpool with Dragons, spaceships, and a team of Dragon Riders

Using Chat GPT, we then both learned how to use prompts to create a story, and from that, Ellis, aged 11, learned how to change the format of the pictures and use his own thoughts in a creative manner. What a great way to create your own book.

This time, I can create my first Spanish Book. My love of the language started over 30 years ago when I was buyer of ceramics for my business here in the UK, often visiting Spain, where few spoke English and the ability to speak Spanish was a must. This is a great opportunity for those wishing to practice and improve their Spanish language skills.

I would like to thank my many amigos and amigas that live throughout Spain and South America, where most days we talk face to face using the internet. It's a great way to make interesting friends, learn about their cultures, a door for opportunities, and family whilst maintaining my language skills.

We hope to create more in the future, using more of our imagination while learning new words, reading better, and writing better with this fantastic new technology. I, therefore, dedicate this book to Ellis and his advances in technology.

CONTENIDO

ACKNOWLEDGMENTS

To produce our book, it took many hours of writing, thinking, producing, drawing, and drinking pop, but we are also grateful to our friends.

Chat GPT, Nova, DALL.E Quillbot, KDP, Originality.ai, Gramerly, Google and our brains, big and small.

1 LA SEÑAL MISTERIOSO

Un grupo de valientes niños de Chad conocidos como los Jinetes del Dragón viven en la tierra de Poulania, donde los dragones surcan los cielos y la magia llena cada espacio. Estas personas valientes tenían una conexión especial con los dragones y vivían sus vidas defendiendo sus hogares y a las personas que vivían allí.

Los Jinetes del Dragón estaban ocupados haciendo sus cosas habituales y actividades diarias una mañana cuando llegó una transmisión inusual y urgente que crepitaba a través de su equipo de juegos en línea. La transmisión llegó desde la ajetreada y hermosa ciudad de Blackpool, pero estaba llena de ruido estático. Era una llamada de socorro que les alertaba de un inminente ataque de Robots Asesinos a la gente de Blackpool

La sede de los Jinetes del Dragón, una ciudadela de salvación oculta y oculta bajo las colinas de Poulanian, fue donde se reunieron. El grupo de jóvenes héroes, liderados por la capitana Jools, escuchó atentamente mientras la señal de socorro sonaba una vez más. La capitana Jools es su inteligente y experimentada líder debido a sus habilidades inigualables en la lucha y el ataque.

La capitana Jools dijo con voz firme y autoritaria: "No podemos ignorar este llamado de auxilio. La ciudad costera de Blackpool nos necesita ahora y no les defraudaremos. "Agarren sus herramientas, todos, ¡VAMOS!". Todos los Jinetes del Dragón asintieron con alegría y se lanzaron a la

acción con los ojos llenos de esperanza. Todos se dirigieron rápidamente al hangar, donde sus naves espaciales dragón esperaban. Cada nave tenía elaboradas decoraciones temáticas de dragones que simbolizaban su vínculo entre los jinetes y sus magníficas monturas.

Aria, una antigua arquera de cabello rojo ardiente, saltó al Ala Fénix, su propia nave espacial. Su valentía y espíritu fantástico se reflejaban en sus alas metálicas, que brillaban intensamente bajo la luz del sol.

Ellis, el hijo de Jools, un talentoso inventor con una gran destreza para los artefactos, abordó el Rayo de Trueno a su lado, su nave rugiendo fuerte con energía y repleta de tecnología de vanguardia.

Sarah, una maestra superdotada de la decepción y el sigilo, se unió a los Jinetes del Dragón mientras se preparaban para su peligrosa misión. La nave de Sarah era una maravillosa expresión de su intrigante y misteriosa personalidad, ya que se mimetizaba con la oscuridad y era difícil de ver.

Christian fue el último pero ciertamente no el menos importante, un anciano de ascendencia española que posee una fuerza increíble y un corazón dorado. Subió al Santa Ana, su nave espacial brillando con paz y esperanza. Christian había rescatado muchas veces a los Jinetes del Dragón gracias a su pensamiento rápido y movimientos ágiles como un matador español, lo que le valió el respeto y la admiración de sus muchos amigos.

El grupo se elevó hacia los cielos con sus naves preparadas lo mejor que pudieron en el poco tiempo disponible, y con sus espíritus en alto volaron directamente hacia la ciudad de Blackpool con sus potentes motores a reacción. Sus corazones latían con anticipación mientras se lanzaban volando a gran velocidad hacia el horizonte.

Juntos, fueron recibidos por una aterradora escena cuando se acercaron a la playa de la ciudad, lo que les hizo sentir escalofríos en la espalda. Blackpool, que una vez fue una próspera ciudad, ahora estaba en su mayoría en ruinas. Los nuevos edificios de la estación de tranvía y tren estaban en llamas, y los edificios circundantes se derrumbaron mientras un inquietante silencio llenaba el aire. A lo largo

del paseo marítimo, muchos hoteles fueron arruinados por el fuego, y los caros puestos de hot dogs fueron destruidos. El despiadado desastre de los Robots Asesinos había destruido por completo la ciudad.

El equipo de Jinetes del Dragón descendió de sus rugientes naves espaciales en medio de los escombros y quemados puestos destruidos. Se pusieron a buscar por las calles desiertas alguna indicación de vida. Se movieron juntos con cuidado de un puesto de Blackpool Rock a otro mientras se adentraban en el centro de la ciudad, decididos a descubrir la verdad detrás de la señal de socorro.

De repente, una explosión y un destello de luz brillante captaron la atención de Aria. Se acercó y vio un pequeño transmisor de caja negra que emitía una señal de socorro intermitente desde una ventana rota donde yacían varios trozos de Blackpool Rock. Esperanza y preocupación se mezclaron en el acelerado corazón de Aria, haciéndola sentir ansiosa por saber quién había enviado el mensaje.

Una vez más, los Jinetes del Dragón se agruparon alrededor de Aria y todos miraron intensamente la caja negra. El artefacto parecía ser muy antiguo, pero la tecnología era considerablemente superior a todo lo que habían encontrado previamente en Blackpool. Tendrían que resolver este acertijo porque el futuro de Blackpool y sus habitantes dependía de ello.

El inicio de la primera fase de su misión les dio una sensación fresca de una tarea por cumplir. Emprendieron un viaje siguiendo la pista de la señal enviada secretamente y se prepararon para enfrentar cualquier obstáculo en el camino, decididos a descubrir la verdad sobre el ataque y llevar justicia a la ciudad y a los residentes que habían sufrido ahora.

No tenían idea de que su viaje los llevaría a una aventura extraordinaria, diferente a cualquier cosa que pudieran haber imaginado en la ciudad. Los Jinetes del Dragón eran los únicos que podían liberar a la ciudad del duro control del mal, ya que su futuro ahora estaba en juego en las calles de Blackpool.

2 ATERRIZAJE DE BLACKPOOL

Los Jinetes del Dragón llegaron ahora entre los escombros y las ruinas de los Jardines de Invierno, en el corazón de Blackpool. Solo se podían escuchar los lejanos sonidos de la devastación mientras salían a las calles arruinadas y quemadas, rompiendo el silencio sepulcral. Las antaño bulliciosas calles del mercado de la ciudad ahora yacían en ruinas, con sus prósperas estructuras victorianas reducidas a escombros y sus calles llenas de vidrios y escombros.

Los Jinetes del Dragón observaron la destrucción sintiendo una mezcla de pena y tristeza por los sangrown'uns, como se les llamaba a los nacidos en la ciudad. Habían llegado con la misión de descubrir la verdad y poner fin al dominio y gobierno de los malvados Robots Asesinos. Avanzaron con cautela adentrándose más en la ciudad, caminando por la calle Edward y buscando cualquier señal que proporcionara información sobre el origen del ataque. Encontraron pedazos de los Robots Asesinos y se toparon con extremidades metálicas y placas de circuitos dorados que brillaban bajo la luz entre los restos..

Ellis, el joven e ingenioso inventor, logró examinar casi todos los restos y reconoció gran parte de la tecnología futurista utilizada en la construcción de los Robots Asesinos. Habló en voz alta, lleno de curiosidad y ansiedad: "Estas máquinas son definitivamente diferentes a todo lo que había visto antes. Su complejidad indica que fueron diseñadas por mentes muy inteligentes; debemos avanzar rápidamente mientras podamos."

Los Jinetes del Dragón se encontraron con personas que habían logrado sobrevivir al asalto, muchos escondiéndose en callejones detrás de la calle Topping, donde otro grupo se había refugiado en la tienda Samaritans mientras continuaban su exploración. Los habitantes de Blackpool estaban ansiosos por contar sus experiencias mientras se apiñaban en refugios improvisados, con la esperanza de que los Jinetes del Dragón pongan fin a su miseria lo antes posible.

El señor Salisbury, un anciano superviviente que fumaba un cigarrillo que colgaba de su boca, se acercó a los Jinetes del Dragón con una mezcla de gratitud y horror. Su voz temblaba mientras preguntaba: "¿Ustedes son los Jinetes del Dragón, verdad? Creíamos que toda esperanza se había perdido hasta que supimos de su llegada. Esos robots, aparecieron de la nada, están causando estragos por toda la ciudad y luego se marchan llevándose a personas inocentes, es terrible."

Los Jinetes se miraron entre sí con gran preocupación. Sin duda, habían subestimado lo grave que se pondrían las cosas. Escucharon atentamente mientras el señor Salisbury describía lo que ocurrió el día del ataque, quejándose del ruido de los vecinos y del precio de los cigarrillos, pero finalmente, después de que le preguntaran varias veces, les proporcionó información importante sobre las acciones de los robots y posibles lugares donde podrían estar ocultos.

Los Jinetes del Dragón continuaron su búsqueda utilizando la información recopilada y los testimonios de los supervivientes y guías. Investigaron los daños en los laboratorios de investigación de la ciudad y encontraron registros de datos y planos secretos encriptados, al igual que otros, que proporcionaban una posible pista sobre el lugar de procedencia de los robots. Con su conocimiento de engaño y sigilo, Sarah se movió expertamente entre las

sombras, escuchando las conversaciones que tenían las unidades dispersas de robots. Descubrió que los robots parecían estar recopilando recursos y materiales para propósitos que iban más allá de simplemente destruir cosas. Esto podía ser la información que estaban buscando.

El equipo se reunió en una estructura bombardeada que aún se mantenía en pie, y a medida que caía la noche, sus mentes bullían con preguntas y hechos. Intercambiaron sus descubrimientos, armando gran parte del rompecabezas. Pronto se hizo evidente que este ataque había sido planeado por otros y que los robots solo eran una pequeña parte de la estrategia general.

Ahora, los Jinetes del Dragón estaban más decididos que nunca a seguir cada pista, sin dejar ninguna piedra sin remover en su búsqueda para identificar al cerebro detrás de los Robots Asesinos. Eran conscientes de que su viaje podría ser realmente peligroso, pero también comprendían que el éxito que necesitaban con urgencia determinaría el destino de Blackpool y de todo el reino de Poulania.

Los Jinetes del Dragón se prepararon para pasar la noche con renovado vigor, sus mentes llenas de ideas y tácticas que pronto serían necesarias. Sus sueños de grandes guerras y el deseo de llevar la paz a Blackpool estaban presentes mientras todos caían exhaustos del día. No tenían idea de que sus mayores desafíos aún estaban por venir, y que el enigma de los Robots Asesinos sería mucho más difícil de resolver de lo que habían anticipado.

3 ENTRENAMIENTO Y PREPARACIONES

Los Jinetes del Dragón despertaron con una sensación renovada de propósito mientras el sol se levantaba sobre la devastada ciudad de Blackpool. Eran conscientes de que necesitarían desarrollar sus habilidades e idear un plan si querían enfrentarse a los temibles Robots Asesinos y descubrir la verdad sobre su origen.

Un viejo sabio dragón llamado Maestro Nathan había oído hablar de la llegada de los Jinetes del Dragón. El Maestro Nathan buscó a los jóvenes héroes, convencido de que su conexión con los dragones era la clave del éxito. Era sabio y respetado por su comprensión de los antiguos mitos de dragones.

Los Jinetes del Dragón se encontraron con el Maestro Nathan en el centro de un claro remoto bordeado por altos árboles. Sus largas y fluidas túnicas ondeaban con el viento ligero mientras examinaba cuidadosamente a cada miembro. El Maestro Nathan dijo: "Bienvenidos, jóvenes Jinetes del Dragón", con una voz llena de experiencia. "Deben perfeccionar no solo el arte de montar dragones, sino también comprender su esencia si quieren derrotar a los Robots Asesinos".

Los Jinetes del Dragón iniciaron un duro programa de entrenamiento bajo la dirección del Maestro Nathan. Se llevaron a cabo intensos entrenamientos físicos, evaluaciones de agilidad y exámenes mentales todos los días para perfeccionar sus habilidades de combate. Con la ayuda de su Ala Fénix, Aria dominó el arte de deslizarse graciosamente y con precisión por el aire, sus flechas

alcanzando sus objetivos con notable precisión.

Ellis, que estaba a bordo del Rayo del Trueno, utilizó toda su creatividad para crear nuevas herramientas y armas que les ayudarían a luchar contra los robots. La maestra de ilusiones, Sarah, desarrolló sus habilidades de sigilo y engaño, y dominó el uso de las sombras para confundir a sus enemigos. Y Cristian, personificación del poder, sometió su ya impresionante fuerza a un entrenamiento físico intensivo.

Además del entrenamiento físico, el Maestro Nathan compartió su comprensión de las debilidades de los Robots Asesinos. Demostró cómo estos robots eran susceptibles a altas temperaturas y problemas con sus núcleos de energía primarios a través de documentos antiguos y relatos de primera mano. Los Jinetes del Dragón planearon su estrategia después de obtener esta información. Para desactivar y destruir los robots uno por uno, tenían la intención de atacar sus fuentes de energía centrales.

Los días se convirtieron en semanas mientras los Jinetes del Dragón se sometían a un riguroso entrenamiento, mejorando y fortaleciéndose cada día. Su trabajo en equipo se volvió más sólido y su relación con los dragones se hizo más cercana. Se habían convertido en un ejército formidable, preparado para el próximo conflicto.

Una vez que el entrenamiento llegó a su fin, el Maestro Nathan habló nuevamente con los Jinetes del Dragón. "Han recorrido un largo camino, mis jóvenes héroes", dijo. "Recuerden, la verdadera fuerza de un Jinete del Dragón reside no solo en sus habilidades, sino también en su espíritu inquebrantable. Su valentía y dedicación los guiarán a través de las dificultades que les esperan".

Los Jinetes del Dragón se despidieron del Maestro Nathan con gratitud en sus corazones y un renovado sentido de confianza en sí mismos. Eran conscientes de que había llegado el momento de poner a prueba su preparación y enfrentarse a los Robots Asesinos. Los Jinetes del Dragón comenzaron su próximo capítulo, una épica batalla que decidiría el destino de Blackpool y del continente de Poulania.

4 EL PRIMER ENCUENTRO

Llegó el día crucial, las nubes de tormenta que se cernían en el cielo reflejaban la ansiedad en el ambiente.

Los Jinetes del Dragón entraron en el centro de la ciudad de Blackpool, donde los Robots Asesinos esperaban, con resolución y preparación. Los Jinetes del Dragón exploraron el paisaje de la ciudad destruida en busca de cualquier indicio de movimiento mientras sus dragones volaban por encima, batiendo sus alas contra el viento.

De repente, un aterrador grupo de Robots Asesinos apareció de la oscuridad, sus cuerpos mecánicos brillando de manera amenazante. Los Jinetes del Dragón entraron en acción, la adrenalina fluía por sus venas. Aria lanzó una lluvia de flechas hacia los centros de poder de los robots mientras estaba montada en su Ala Fénix. Ellis, montado en el Rayo del Trueno, disparó una salva de armas eléctricas que dejó momentáneamente inoperantes a sus oponentes. En las sombras, Sarah creó ilusiones que confundieron a los robots y dieron a sus compañeros de equipo unos segundos cruciales para atacar. Cristian se lanzó al conflicto montando al poderoso Santa Ana, destruyendo las defensas de los robots con su inmensa fuerza.

Las explosiones continuaron resonando en las calles que alguna vez estuvieron llenas de vida de Blackpool mientras la guerra arreciaba. Los Jinetes del Dragón lucharon con una determinación inquebrantable, y sus movimientos coordinados y su cooperación eran evidencia de su minuciosa preparación. Aunque eran valientes y hábiles, los Robots Asesinos eran un terrible enemigo. Los guerreros mecánicos contraatacaron con una fuerza brutal, lanzando proyectiles y disparando rayos láser que ponían a prueba los reflejos y la agilidad de los Jinetes del Dragón.

Una explosión audible sacudió el campo de batalla cuando llegó a su punto culminante. Los Jinetes del Dragón fueron momentáneamente superados por una oleada de energía que surgió del centro del grupo de robots. Una vez que el humo se disipó, se hicieron visibles los robots que habían caído y los miembros del equipo que resultaron heridos. Aria, que tenía una pequeña herida, tomó aliento y evaluó la situación. Varios de los Robots Asesinos habían quedado inoperables a manos de los Jinetes del Dragón, pero la amenaza era más fuerte de lo esperado. Tenían un enemigo formidable, eso estaba claro.

Los Jinetes del Dragón se agruparon en medio de las calles llenas de escombros, reuniendo fuerzas y valor. Curaron sus heridas mientras intercambiaban miradas decididas, sin dejarse afectar por las heridas o derrotas. Entendían que aún quedaba más lucha por delante. La capitana Jools dijo: "Debemos continuar", con una mezcla de determinación y preocupación en su voz mientras yacía en la zanja de la calle con un pie roto y retorcido. "No defraudaremos a la gente de Blackpool. Cuentan con nosotros". Las palabras de su capitana inspiraron a los Jinetes del Dragón, y todos se inclinaron en señal de acuerdo. Se enfocaron en su próximo objetivo, que era identificar la verdadera causa de los Robots Asesinos y detener su ataque implacable, con un vigor renovado.

Los Jinetes del Dragón se fortalecieron con cada batalla, su relación con los dragones se estrechó y sus tácticas cambiaron. Estaban preparados para enfrentar las dificultades que les esperaban porque sabían que podían triunfar. Una esperanza tenue brilló en sus ojos mientras se preparaban para reanudar su marcha. Aunque su primer encuentro con los Robots Asesinos había sido intenso, también había demostrado su capacidad de recuperación y determinación.

El futuro de Blackpool dependía del firme compromiso de los Jinetes del Dragón, por lo que estaban preparados para enfrentar lo desconocido y triunfar sobre él.

5 BUSCANDO AYUDA

Los Jinetes del Dragón, lamiéndose las heridas después de la sangrienta batalla con los Robots Asesinos, comprendieron que necesitarían más que su propia fuerza y habilidades para superar al temible ejército robótico. Requerían más ayuda, una alianza que uniera muchas fuerzas para luchar contra un enemigo común.

Los Jinetes del Dragón emprendieron una misión para encontrar personas que tuvieran el conocimiento y la tecnología necesarios para combatir a los Robots Asesinos, decididos a encontrar posibles aliados. Descubrieron una comunidad secreta de humanos altamente desarrollados después de que su búsqueda los llevó a los límites de Blackpool. Durante meses, el grupo de personas conocidas como los Guardianes Tecnológicos de Lytham había estado investigando a los Robots Asesinos para cumplir su objetivo común de defender a la humanidad contra el peligro inminente.

Los Guardianes Tecnológicos habían acumulado una gran cantidad de conocimiento sobre el comportamiento y las debilidades de los robots bajo la sabia dirección del Dr. Adam. Los Jinetes del Dragón se acercaron al Dr. Adam en un esfuerzo por formar una alianza y compartieron sus experiencias personales luchando contra los Robots

Asesinos. En respuesta, los Guardianes Tecnológicos mostraron una variedad de herramientas y armas de vanguardia que podrían ayudar en la lucha contra los robots. El Dr. Adam aceptó cooperar después de verse inspirado por la valentía y el talento de los Jinetes del Dragón. Creía que la clave para combatir el poder destructivo de los robots estaba en la colaboración entre humanos y Jinetes del Dragón. La asociación entre los Guardianes Tecnológicos y los Jinetes del Dragón resultó ser una combinación maravillosa.

El combate presentaba un grado de adaptabilidad y agilidad debido a la estrecha relación entre los Jinetes del Dragón y sus dragones, y una ventaja táctica gracias a la tecnología avanzada de los Guardianes Tecnológicos.

Los días se convirtieron rápidamente en semanas mientras la recién creada coalición se esforzaba por lograr sus objetivos al combinar sus recursos y experiencia. Juntos, examinaron los patrones de comportamiento de los robots, descifraron su compleja codificación y localizaron áreas vulnerables en sus defensas. El grupo del Dr. Adam realizó modificaciones a las naves de los Jinetes del Dragón para aumentar su potencia de fuego y defensas. El genio imaginativo de Ellis le permitió incorporar sin problemas la tecnología de los Guardianes Tecnológicos en los arneses de los dragones, mejorando las habilidades tanto de los jinetes como de los dragones.

Los Guardianes Tecnológicos y los Jinetes del Dragón trabajaron juntos para crear una estrategia de guerra completa. Planeaban lanzar un ataque multifacético que apuntaría a los puestos de mando centrales de los robots e interferiría con sus sistemas de comunicación. La alianza estaba preparada para enfrentar nuevamente a los Robots Asesinos después de terminar sus preparativos. Con armas modernas a su disposición y el conocimiento de los Guardianes Tecnológicos a su alcance, los Jinetes del Dragón se mantuvieron firmes en su determinación.

Tanto los Guardianes Tecnológicos como los Jinetes del Dragón eran cautelosamente optimistas mientras se dirigían al centro del bastión de los robots. Creían que trabajando juntos, podrían detener el desastre inminente y salvar a Blackpool. A medida que los Jinetes del Dragón y los Guardianes Tecnológicos emprendían su búsqueda conjunta para eliminar la amenaza robótica y llevar la paz a la tierra que amaban, el futuro de Blackpool, Poulania y todo el reino pendía de un hilo.

6 DESATANDO A LOS DRAGONES

Ahora era necesario el asalto definitivo contra los Robots Asesinos. Gracias a su alianza con los Guardianes Tecnológicos, los Jinetes del Dragón pudieron dominar el conflicto. Se prepararon para desatar todo el poder de sus dragones y tecnología contra sus formidables adversarios, armados con armas de vanguardia y conocimientos recién adquiridos.

Los dragones se elevaron al cielo con un rugido coordinado, batiendo sus alas contra el viento mientras volaban hacia el centro del ejército de robots. Con determinación brillando en sus ojos, los Jinetes del Dragón lideraron la carga montados en sus magníficos aliados.

Mientras los Guardianes Tecnológicos y los Jinetes del Dragón luchaban contra los Robots Asesinos en un titánico combate aéreo, el aire estallaba de electricidad. El cielo se llenó de proyectiles y rayos láser, creando una cacofonía desorganizada de furia y resistencia. Aria disparó una lluvia de flechas de fuego desde su Ala Fénix, y cada una impactó precisamente en su objetivo. Los robots fueron envueltos en llamas, dañando su circuito y debilitando sus defensas.

Con poderosas ráfagas de calor y fuego, las habilidades de lanzar fuego de los dragones demostraron ser una fuerza potente que diezmó las filas robóticas. Ellis, que montaba el Rayo del Trueno, utilizó sus ingeniosos dispositivos para disparar una ráfaga de trampas electrificadas e impulsos de alta energía. Cuando sus fuentes de energía fueron desconectadas y sus sistemas se sobrecargaron, los ataques una vez implacables de los robots quedaron inefectivos.

Sarah utilizó su habilidad con las ilusiones para confundir a los robots mientras navegaba el caos en la espalda de su dragón. Las maniobras antes coordinadas de los guerreros mecánicos se volvieron erráticas, dudaron y comenzaron a atacar a sus propios compañeros. La inmensa fuerza de Christian, mientras montaba a Santa Ana, golpeó a los robots con una fuerza quebrantadora de huesos. Sus defensas fueron destruidas por sus poderosos golpes, dejándolos expuestos al ataque combinado de dragones y maquinaria.

Los Jinetes del Dragón y los Guardianes Tecnológicos continuaron luchando juntos en una sólida solidaridad y cooperación mientras la batalla continuaba. Con el paso del tiempo, tomaron el control, llevando a los Robots Asesinos peligrosamente cerca de la derrota. Los Jinetes del Dragón y sus dragones se dirigieron hacia el puesto de mando central de los robots en un movimiento final y decisivo. Lanzaron un ataque enfocado, bien coordinado e implacable, apuntando a la fuente de energía principal de los robots.

El centro de mando de los robots colapsó como resultado del ataque, causando explosiones y cascadas de devastación. Los Robots Asesinos fueron silenciados con una última explosión de energía, y sus formas robóticas cayeron al suelo sin moverse. Los Jinetes del Dragón y los Guardianes Tecnológicos estallaron en un grito de victoria mientras el polvo se asentaba. Su alianza, forjada a través de la valentía, había derrotado la amenaza mecánica que había amenazado con destruir Blackpool.

Los Jinetes del Dragón y sus dragones aterrizaron entre los escombros, sus corazones rebosantes de orgullo. Tuvieron que superar desafíos imposibles, pero lo lograron gracias a su actitud firme y su fuerza acumulada. Las personas que habían observado el conflicto desde una distancia segura salieron de sus escondites, con un rostro de alivio. Se congregaron alrededor de los Guardianes

Tecnológicos y los Jinetes del Dragón, saludando su valentía y regocijándose por el restablecimiento de la paz.

Además de la lucha contra los Robots Asesinos, la cooperación entre los Jinetes del Dragón y los Guardianes Tecnológicos resultó ser un punto de inflexión para Poulania en su conjunto. Su triunfo propagó un espíritu de esperanza en toda la nación, alentando a las personas a unirse para luchar contra las fuerzas del mal. Los Jinetes del Dragón y los Guardianes Tecnológicos se mantuvieron preparados para enfrentar la nueva mañana, mientras el sol asomaba entre las nubes, arrojando un cálido resplandor sobre la ciudad de Blackpool. Sus nombres quedarían grabados en los registros de la historia de Poulania como héroes.

7 "VICTORIA Y CELEBRACIÓN"

Los Jinetes del Dragón se alzaron como héroes victoriosos después de la lucha decisiva, liberando a Blackpool del control de los Robots Asesinos. Mientras sus residentes salían de sus refugios para ver el amanecer de una nueva era, la metrópolis una vez devastada rebosaba de vida y esperanza.

La noticia de la valentía y la victoria de los Jinetes del Dragón se extendió rápidamente por Blackpool y más allá. La ciudad antes temerosa y desolada estalló en una alegre celebración en honor a sus salvadores. El aire se llenó de vítores y risas, y las calles se decoraron con banderas y cintas vibrantes.

Los residentes de Blackpool se congregaron en la plaza principal frente a los Winter Gardens para esperar la llegada de los Jinetes del Dragón. La audiencia estalló en un resonante aplauso cuando los héroes hicieron su gran aparición montados en sus majestuosos dragones. La Capitana Jools cojeando de dolor subió al escenario y se dirigió a la multitud rugiente con su espíritu inquebrantable y su liderazgo. Proclamó con voz resonante de orgullo: "Hoy, estamos unidos, más fuertes que nunca." "Hemos vencido a la oscuridad, recuperando nuestra ciudad y nuestro futuro, a través de nuestra valentía y unidad."

La generosidad de la audiencia humilló a los Jinetes del Dragón, quienes se sonrieron y asintieron el uno al otro. Entendieron que el pueblo de Blackpool, que había soportado el horrible evento con fortaleza y apoyo inquebrantable, compartía su victoria.

La ciudad cobró vida con las celebraciones al caer la noche. El aire se llenó con los alegres sonidos de la música y la risa, y las calles se iluminaron con luces de colores. Explosiones de fuegos artificiales pintaron patrones coloridos en el lienzo de la noche, simbolizando el renacimiento de Blackpool.

Los Jinetes del Dragón recibieron elogios y agradecimientos de las personas a las que habían ayudado durante la celebración. Los niños se apiñaron a su alrededor, con su admiración brillando en sus ojos, dispuestos a escuchar relatos de sus hazañas heroicas y audaces.

El alcalde de Blackpool entró en la sala con dignidad y una voz que era a la vez autoritaria y amable. Declaró: "Hoy, celebramos la valentía y el sacrificio de los Jinetes del Dragón. Su valentía y sacrificio sirvieron como un recordatorio para todos de la fuerza que representa unirse y la capacidad de recuperación del espíritu humano."

El alcalde entregó a los Jinetes del Dragón símbolos de agradecimiento mientras se acercaban, como muestra del agradecimiento perpetuo de la ciudad. Cada miembro del equipo expresó sus agradecimientos, elogiando a los Guardianes Tecnológicos por su inquebrantable ayuda, la valentía de los residentes de Blackpool y la inquebrantable relación que habían desarrollado como grupo.

El hecho de que la fiesta continuara durante toda la noche es un monumento al espíritu inquebrantable de Blackpool. Los Jinetes del Dragón disfrutaron del ambiente festivo, sus corazones rebosantes de una sensación de satisfacción y logro. Además de salvar una ciudad, habían unido a las personas para enfrentar la adversidad.

En los días siguientes, los Guardianes Tecnológicos de Lytham y los Jinetes del Dragón trabajaron juntos para reconstruir Blackpool, utilizando sus habilidades combinadas para allanar el camino hacia un futuro mejor. Ambas organizaciones se comprometieron a defender el reino de Poulania de cualquier peligro potencial, ya que la alianza que se había forjado en medio de la crisis se hizo más fuerte.

Los Jinetes del Dragón se despidieron de la ciudad que había sido su segundo hogar después de completar su deber. Mientras los dragones y sus jinetes se elevaban hacia el cielo, los residentes de Blackpool se alinearon en las calles, despidiéndolos emocionalmente y expresando sinceras palabras de agradecimiento.

Aunque su viaje había terminado, el legado de los Jinetes del Dragón perduraría en la memoria de todos aquellos que tuvieron el privilegio de presenciar su valentía. Durante años, su historia sería recitada una y otra vez, alentando la valentía y la armonía en circunstancias difíciles.

8 EPÍLOGO

Las emociones de los Jinetes del Dragón desbordaban de orgullo y un sentimiento de propósito al despedirse de Blackpool. Habían restaurado la armonía en una región que

una vez fue devastada y habían forjado un lazo inquebrantable con las personas a las que habían ayudado.

Los Jinetes del Dragón prometieron ser cautelosos y juraron proteger otras ciudades y reinos de futuros peligros que pudieran perturbar su paz. Comprendieron que aún habría obstáculos por superar y conflictos que enfrentar una vez que completaran su objetivo.

Los Jinetes del Dragón abordaron su nave espacial y surcaron los cielos, acompañados por sus dragones, dispuestos a enfrentar cualquier desafío que les esperara. Con la mirada fija en el horizonte y el deseo de nuevas aventuras, reanudaron su viaje hacia territorios desconocidos.

La noticia de su valentía había viajado lejos, capturando la imaginación tanto de niños como de adultos. Las generaciones futuras se inspiraron en los Jinetes del Dragón, que se habían convertido en emblemas de valentía y armonía. Su historia apenas comenzaba.

La historia de los Jinetes del Dragón llegó a su fin, dejando a los espectadores ansiosos por la próxima entrega de su épica historia, pues había un sentido de expectativa en el aire. ¿Qué nuevos peligros experimentarían? ¿Dónde se encontraba ahora el señor Salisbury? ¿Cómo está el pie de la capitana Jools? Las respuestas estaban ahí, esperando a ser descubiertas.

El viaje de los Jinetes del Dragón estaba lejos de haber terminado. También abrazaron el futuro con confianza inquebrantable mientras se adentraban en lo desconocido, dispuestos a enfrentar cualquier obstáculo que se interpusiera en su camino.

La conclusión... o tal vez solo el comienzo, quizás.

SOBRE LOS AUTORES

Nos verás a ambos rondando por los salones recreativos, tiendas de bromas, tiendas de discos, viendo teatro y comiendo fuera.

Printed in Poland
by Amazon Fulfillment
Poland Sp. z o.o., Wrocław